BIOGRAPHIE

DE

JEAN DE MONTAGU,

GRAND MAITRE DE FRANCE,

PAR

LUCIEN MERLET,

ANCIEN ÉLÈVE DE L'ÉCOLE DES CHARTES ET DE L'ÉCOLE D'ADMINISTRATION.

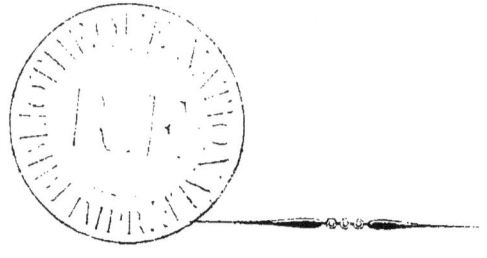

PARIS,

TYPOGRAPHIE DE FIRMIN DIDOT FRÈRES,
IMPRIMEURS DE L'INSTITUT,
RUE JACOB, 56.

1852.

(Extrait de la Bibliothèque de l'École des Chartes, 3e série, t. III, p. 248.)

Paris. — Typographie de Firmin Didot frères, rue Jacob, 56.

BIOGRAPHIE

DE

JEAN DE MONTAGU,

GRAND MAITRE DE FRANCE

(1350-1409).

Une des causes qui ont puissamment contribué à faire négliger l'histoire de Jean de Montagu, c'est le peu de durée de sa famille. Les historiens ne nous font connaître que trois générations de Montagus :

1° Gérard, le père du grand maître, mort en 1380, et son frère Jean Ier, seigneur de Garigny, président à Paris, mort le 5 avril 1388;

2° Jean II, dont nous nous proposons de tracer la vie; Gérard, évêque de Poitiers et de Paris ; et Jean, évêque de Chartres, puis chancelier de France et archevêque de Sens, mort à la bataille d'Azincourt en 1415 ;

3° Enfin, le fils de Jean II, Charles, mort aussi à la bataille d'Azincourt.

La famille de Montagu s'éteignit en effet en 1415, au moins quant à la branche directe : mais ce que tous les historiens jusqu'ici semblent avoir ignoré, c'est qu'elle était fort ancienne et fort illustre, si ancienne même et si illustre, qu'on la fait remonter jusqu'aux anciens rois de Bourgogne, successeurs de Charlemagne. (Charron, *Histoire générale des Gaules,* p. 919 et 930.) C'est ce que nous apprend une histoire manuscrite de Marcoussis, écrite, au dix-septième siècle, par le frère Simon de la Motte [1].

---

[1]. *La vie de messire Jean de Montagu, grand maistre de France sous le roy Charles sixième, avec les éloges de ses parents et quelques événements dudit mo-*

Et d'abord, Montagu n'est pas le nom patronymique de cette maison ; c'est seulement un surnom que l'on trouve pour la première fois pris par Robert le Gros, grand-père de Jean II, dans un contrat d'acquisition de plusieurs pièces de vigne au terroir de Montfelis, de Nicolas Bourclier, demeurant à Étampes, en date du 15 octobre 1340. Or, voici ce que nous raconte Simon de la Motte de la famille des le Gros : Ils étaient originaires du Lyonnais, d'où ils se dispersèrent en Bourgogne, en Normandie, en Languedoc et jusqu'en Piémont. Le bienheureux Pierre le Vénérable, abbé de Cluni, rapporte que, vers l'an 1104, un seigneur nommé Bernard le Gros, personnage illustre selon le siècle, possédait quelques châteaux proche le monastère de Cluni, parmi lesquels il en avait bâti un appelé Usselle, d'où il se faisait craindre et redouter aux environs. La famille de ce le Gros était dès lors si puissante en Bourgogne, qu'à la mort de ce même Pierre le Vénérable, elle parvint à faire élire pour son successeur un certain Robert le Gros, frère lai, cousin, dit la chronique de l'abbé Robert de Saint-Michel-du-Mont, du comte de Flandre, Thierri d'Alsace, et neveu de Gertrude, sœur de Guillaume, duc de Normandie. Dès cette époque, les le Gros avaient, dit la Motte, des alliances en Normandie. Plusieurs membres de cette maison s'y établirent, et ce fut l'un d'eux, Matthieu le Gros, seigneur d'Heudebouville, qui, l'an 1204, se porta auprès de Philippe-Auguste comme l'un des garants de la reddition de Rouen, quoique son frère Guillaume le Gros fût un des chevaliers exceptés de l'accord. Enfin, ajoute le religieux célestin, on pourrait citer encore d'autres personnages célèbres de cette famille, soit en Languedoc, soit en Piémont. L'antiquité de la noblesse des le Gros lui semblait d'ailleurs parfaitement établie par une charte de Charles V, imprimée dans le livre de la vie du pape Clément IV par le P. Claude Clément, jésuite (Lyon, 1624).

Mais cette généalogie ne s'appuie sur aucun document authen-

---

nastère, par frère Simon de la Motte, célestin, sous-prieur du monastère de Marcoussy. MDCLXXIV-MDCLXXXII, in-folio. *Celestinorum de Marcoussiaco*. Ce manuscrit fait aujourd'hui partie du cabinet d'un amateur aussi connu pour son goût éclairé que pour la libéralité de ses communications littéraires, M. Jérôme Pichon. Il se compose de 72 feuillets, répartis en 40 chapitres, les 38 premiers consacrés à l'histoire de la famille de Montagu et du monastère de Marcoussis, les deux derniers traitant du Hurepoix, des druides et de saint Joseph d'Arimathie.

tique et renferme des erreurs tellement grossières qu'on peut à bon droit la rejeter parmi les fables imaginées au dix-septième siècle. Qu'est-ce d'abord que cette Gertrude, sœur de Guillaume, duc de Normandie? Nous avons cherché longtemps et nous avons fini par découvrir que c'était Gertrude, fille de Robert le Frison, comte de Flandre : comme à celui-ci succéda Guillaume Cliton, fils de Robert Courte-Heuse, duc de Normandie, Simon de la Motte, qui n'y regarde pas de si près, a cru que Guillaume était fils de son prédécesseur, et par conséquent frère de Gertrude. Ensuite, où le religieux célestin a-t-il vu que Matthieu le Gros était seigneur d'Heudebouville et frère de Guillaume le Gros? Nous n'en savons encore rien; mais ce n'est assurément pas dans le texte du traité, où l'un est mentionné ainsi : *Guillelmo Crasso*, et l'autre est appelé tout simplement : *Mathæus Grossus*.

Nous ne citons donc cette généalogie que comme curiosité, et nous ne ferons remonter nos Montagus qu'à Robert le Gros, père de Gérard de Montagu. Le premier document certain où nous rencontrons ce Robert est l'acte d'acquisition de 1340 dont nous avons parlé. *Furent présents en leurs personnes : honorable homme Robert le Gros, dit de Montagu, bourgeois de Paris.* Il se maria avec Madeleine de Maugiron, et fut, vers la fin de sa vie, suivant l'auteur des Éloges de Messieurs les présidents à mortier du parlement de Paris, secrétaire du roi Charles V et trésorier de ses chartes. Ce fut lui, s'il faut en croire Simon de la Motte, qui quitta les anciennes armes des le Gros (d'or à une aigle déployée de sable, au bec et serres de gueules, à la bordure aussi de sable chargée de huit besants d'argent) pour prendre celles qui servirent désormais à la branche de Montagu (d'argent à une croix d'azur cantonnée de quatre aigles au vol déployé de gueules becquées et membrées d'or).

Robert le Gros était donc un simple bourgeois de Paris, et la preuve en est dans les lettres du roi Jean données à Amiens en décembre 1363, anoblissant Gérard de Montagu et sa postérité avec faculté de parvenir à la chevalerie. Ainsi il n'est nullement nécessaire, pour expliquer ce fait de la vie de Jean de Montagu, qu'il eut la tête tranchée, supplice réservé aux gentilshommes, de faire remonter sa noblesse aux le Gros de Lyonnais, non plus que de recourir à l'hypothèse de Monstrelet et d'Eusèbe de Laurière qu'il était noble, mais seulement du chef de sa mère. Les lettres du roi Jean nous paraissent établir suffisamment le droit de Jean de Montagu à subir la peine des gentilshommes, et de Laurière n'avait pas besoin, à notre avis, de reproduire une version imaginée par Monstrelet pour dénigrer le grand maître, et qui, au reste, est en opposition formelle avec le texte des Établissements de saint Louis et de Philippe de Beaumanoir.

Montagu est un château situé près de Poissy-en-Laye, dont Robert le Gros avait fait acquisition. Ce seigneur possédait, en outre, les fiefs de Eaubonne [1] et de la Motte [2] en Parisis, de Tournenfuye (depuis Graville) en Brie, de Moncontour [3] en Poitou, de Valère en Touraine, de Châteauneuf [4] en Berry, de Mézières [5] en Beauce, et quelques autres terres. Il eut deux fils : Gérard, qui lui succéda dans la plupart de ses fiefs et dans sa charge de secrétaire du roi, et Jean, seigneur de Garigny, qui suivit au contraire la carrière parlementaire, où l'avait précédé son oncle Gérard le Gros, chanoine des églises de Reims et de Paris, avocat général du roi au parlement et fondateur du collége de Laon.

Le fils aîné de Robert le Gros, Gérard, s'éleva rapidement à la cour de Charles V, qui sut bien vite apprécier son esprit judicieux et sensé. Ainsi, en l'année 1358, il fut nommé par Charles, alors dauphin et régent du royaume, premier syndic de l'illustre collége des notaires et secrétaires du roi, maison et couronne de France. L'an 1364, il était employé au trésor des chartes sous Pierre Turpain, alors garde de ce dépôt; et vers cette époque il fit un extrait des avertissements que le roi saint Louis avait donnés sur la fin de sa vie à son fils et successeur Philippe le Hardi, et le présenta à Charles V lors de son avénement à la couronne. En récompense, ce prince le fit son chambellan, et quelques années après, le 13 janvier 1370 (1371 n. s.), le nomma garde des chartes et titres royaux à la place de Pierre Turpain, reconnu incapable d'exercer ces fonctions. Gérard s'acquitta merveilleusement de la nouvelle charge que le roi lui avait confiée; il remit en ordre le dépôt et en dressa un inventaire que l'on possède encore à la Bibliothèque nationale (Suppl. lat. 1089 et 1090). Aussi Charles V, charmé de son zèle et de son talent, lui octroya-t-il, par ses let-

1. 3 kil. 1/4 de Pontoise.
2. 1 kil. 1/2 de Pantin.
3. 3 kil. 3/4 de Loudun.
4. 4 kil. 1/2 de Saint-Amand.
5. 2 kil. 3/4 d'Orléans.

tres du mois d'août 1379, le titre officiel de trésorier de ses chartes : *thesaurarius privilegiorum, cartarum et registrorum regiorum*.

Dans ces postes éminents, Gérard s'appliqua sans cesse à augmenter la fortune de sa famille : ainsi il acheta, vers l'an 1362, les terres et seigneuries de Malesherbes-sur-Yèvre et de Neufchâtel en Berry, et il continua à faire des acquisitions au terroir de Montfelis. Dès sa jeunesse, il avait pris alliance dans la famille des Cassinel, provenue d'une maison illustre de Lucques en Italie, en épousant damoiselle Biette, fille de François Cassinel, chevalier, et sœur de Ferry, évêque d'Auxerre, baron de Gallargues, et depuis archevêque-duc de Reims et premier pair de France, et de Guillaume, vidame de Laonnais, grand échanson du roi Charles VI. Ce mariage est antérieur à l'année 1336 ; car on voit alors les deux époux fonder de concert la chapelle Saint-Michel en la nef de l'église Sainte-Croix de la Bretonnerie à Paris. C'est là que tous deux furent enterrés ; et Dubreuil (*Antiquités de la ville de Paris*) nous a conservé leurs épitaphes :

Cy gist noble homme Messire Gérard, seigneur de Montagu, chevalier, conseiller et chambellan du roy nostre sire, fondateur de cette chapelle, qui trespassa le xvij^e *jour de septembre* 1380[1].

Cy gist noble dame Madame Biette de Cassinel, dame de Montagu, femme dudit messire Gérard, laquelle trespassa l'an 1394.

De son mariage Gérard eut six enfants : trois fils et trois filles. Des filles, l'aînée épousa le seigneur de Bucconville-Châtillon ; la seconde, le seigneur de Guitry, au Vexin français, et la troisième un seigneur de la famille de Chaumont. Quant aux trois fils, nous les retrouverons dans le courant de cette histoire.

Jean II de Montagu l'aîné naquit au plus tard en l'année 1349 ou 1350. Cette date, qu'on pourrait croire tout d'abord assez in-

---

1. La date de 1380 est évidemment altérée, car d'après M. Dessalles, au savant mémoire duquel nous avons emprunté tous ces détails sur Gérard de Montagu (*le Trésor des chartes*, Académie des inscriptions, savants étrangers, 2e série, tom. I, pag. 410 et suiv.), Gérard fut nommé le 3 juin 1384 maître-lay surnuméraire des comptes, et occupa cette place jusqu'au 1er mars 1388 (1389 n. s.). Le P. Anselme date sa mort du 15 juillet 1391. — Son second fils, Gérard, maître extraordinaire de la chambre des comptes depuis le 10 octobre 1390, lui succéda dans sa charge de trésorier des chartes ; et en effet nous voyons qu'il reçut les clefs du dépôt le 18 octobre 1391 (Archives nationales, Table des mémoriaux de la chambre des comptes, tom. I, inventaire du registre coté D., p. 77).

différente, ne laisse pas que d'avoir une certaine importance ; car elle répond à un bruit injurieux qui courut lors de la disgrâce du grand maître. On prétendit que sa grande fortune était due à ce qu'il était le fils naturel de Charles V. Or, ce roi naquit le 21 janvier 1336 (1337 n. s.), et il résulte d'un contrat d'acquisition de Jean de Montagu que celui-ci était déjà majeur le 31 octobre 1366. On sait de plus qu'il eut pour parrain Jean, depuis roi de France en 1350, alors que ce prince n'était encore que duc de Normandie. Ainsi Charles V n'avait que douze ou treize ans lors de la naissance du grand maître. Simon de la Motte met la naissance de Jean de Montagu en l'année 1340 ou 1341 ; mais je crois que c'est une erreur, car pour que les contemporains aient avancé que Jean était fils de Charles V, il fallait au moins qu'il y eût à ce reproche quelque vraisemblance : on peut reculer la date d'une naissance de trois ou quatre ans, mais de treize ou quatorze ans, c'est plus difficile.

Quoi qu'il en soit, si Jean de Montagu n'est pas le fils de Charles V, on ne peut nier que la beauté de Biette de Cassinel n'ait été pour quelque chose dans la grande fortune de son mari et de son fils. Il est probable que cette dame fit servir au profit de son ambition l'amour qu'elle était parvenue à inspirer au dauphin Charles, malgré la différence d'âge qui les séparait. Toujours est-il certain que celui-ci afficha publiquement cet amour, en faisant représenter sur ses armes, suivant la galanterie du temps, un rébus de Cassinel, qui était un K, un cygne et une aile ; galanterie reproduite depuis par Louis, duc de Guyenne et dauphin de France, qui, en l'an 1414, fit peindre le même rébus sur sa cornette en l'honneur de la fille de Guillaume Cassinel, seigneur de Ver, le frère de ladite dame Biette.

Jean de Montagu parut de bonne heure à la cour de Charles V ; et ce prince, soit par amitié pour son père, soit par amour pour sa mère, prit le jeune seigneur en affection, et le favorisa toute sa vie en le rendant un sujet capable de seconder ses desseins. Formé pour ainsi dire par Charles V, un des plus grands de nos rois ; poussé par son père et sa mère, dont l'ambition croissait sans cesse, Jean de Montagu, d'un esprit d'ailleurs prudent et sage par excellence, ne devait pas manquer d'arriver à la plus haute fortune.

Comme nous l'avons dit, dès l'année 1366, nous le voyons travailler à augmenter par ses acquisitions les biens de sa maison, déjà assez considérables. Il acheta le quart de l'hôtel de Saudreuille à damoiselle Jeanne, veuve de feu messire Thomas de Bézu; acquisition qu'il compléta dans la suite avec l'argent du roi Charles VI, qui, par ses lettres du 24 décembre 1387 et du 19 avril 1391, lui assigna un don de cinq mille livres pour terminer cet achat.

Mais nous trouvons peu de traces de lui sous Charles V ; nous savons seulement que ce prince l'avait choisi pour un de ses secrétaires, qu'il se servait volontiers de ses conseils, et qu'il l'admettait aux délibérations secrètes de son cabinet. Sous Charles VI au contraire, surtout à partir du règne véritable de ce prince, c'est-à-dire de 1388, nous pourrons suivre année par année l'histoire du grand maître. — Le nouveau roi avait en grande affection Jean de Montagu, qui, inspiré par sa mère, avait su gagner la faveur du jeune prince par sa souplesse et sa complaisance. Aussi non-seulement Charles VI continua Jean dans ses fonctions de secrétaire, mais il l'emmena partout avec lui dans ses voyages et dans ses guerres. Ainsi, en l'année 1382, lors de la bataille de Rosbecque, Jean de Montagu combattait aux côtés du roi, comme le prouvent les lettres du 17 avril 1388, lui assignant une rente à vie sur le trésor, en considération de ce qu'il avait été le seul des secrétaires du roi qui s'était trouvé près de lui dans le combat. Ce fut même ce seigneur qui eut la plus grande part dans la détermination que prit Charles de revenir aussitôt à Paris pour châtier le soulèvement des habitants, au lieu d'aller mettre le siége devant Gand. Aussi les Flamands lui offrirent-ils, en reconnaissance, une somme d'argent assez considérable, qu'il accepta avec l'autorisation royale. En l'année 1385, il fut encore du voyage entrepris par Charles VI en Flandre pour la conclusion de la paix de Tournay, et, le 27 novembre 1386, il reçut du roi une nouvelle somme d'argent pour les grands frais et dépenses qu'il avait faits en l'accompagnant dans ce voyage.

Ce fut dans les premières années du règne de Charles VI que Jean de Montagu se maria avec Jacqueline de la Grange, alliance qui montre combien déjà était grande sa puissance, et qui contribua encore à augmenter son crédit. Jacqueline de la Grange était la nièce du fameux Jean de la Grange, cardinal d'Amiens et premier ministre de Charles V, qui, ayant apprécié les qualités du secrétaire du roi, ne dédaigna pas de lui offrir une alliance avec sa famille. Charles VI, de son côté, pour donner à son favori une nouvelle preuve de son amitié, lui fit présent, en accroissement de son mariage, d'une somme de dix mille francs d'or, le 16 mai 1390 (Bibl. nat., dossier de la famille Montagu).

Ce mariage d'ailleurs procura à Jean de Montagu de riches héritages : sans parler de celui du cardinal d'Amiens, qui lui échut en 1402, le 16 novembre 1388, Estienne de la Grange (premier président au parlement de Paris depuis le 12 novembre 1373) étant mort sans laisser d'autre enfant que sa fille Jacqueline, Jean de Montagu reçut en héritage, du chef de sa femme, outre les biens meubles de son beau-père, trois sergenteries : celles de Rouen, de Cailly et de la Ferté en Bray, autrefois données audit Estienne de la Grange par Nicolas Dubois, chevalier bailli de Rouen et de Gisors, en considération de son mariage avec sa fille Marie Dubois.

De cette année 1388 date, comme nous l'avons déjà dit, le règne véritable de Charles VI. C'est à partir de cette époque que nous allons assister à la vie réellement politique de Jean de Montagu. Mais pour bien comprendre les événements postérieurs, il est nécessaire de dire quelques mots des premières années de ce règne.

A la mort de son père, en 1380, Charles VI, n'étant âgé que de treize ans, fut placé sous la tutelle de ses trois oncles paternels Louis, duc d'Anjou, Jean, duc de Berry, et Philippe le Hardi, duc de Bourgogne, et de son oncle maternel Louis II le Bon, duc de Bourbon. Dès le principe, la rivalité de ces seigneurs remplit la cour de dissensions. Le duc d'Anjou, comme l'aîné des frères de Charles V, prétendait gouverner seul le royaume avec le titre de régent, tandis que ses deux frères voulaient limiter son pouvoir par un conseil dont eux-mêmes et le duc de Bourbon eussent fait partie. Tout semblait présager une guerre civile ; mais enfin les princes consentirent à un compromis, d'après lequel le duc d'Anjou devait continuer sa régence jusqu'au jour du sacre, où Charles VI serait émancipé, et alors les quatre princes formeraient un conseil dans lequel on déciderait de toutes les affaires importantes.

Ce traité fut assez fidèlement observé. Le duc d'Anjou, dans les quelques jours qui précédèrent le sacre, avait eu le temps de s'emparer des trésors de Charles V ; le duc de Bourgogne avait ses projets d'ambition dans lesquels il craignait de se voir empêché par le duc d'Anjou, s'il faisait des récriminations ; le duc de

Berry était tout occupé de satisfaire à sa passion de livres et de tableaux ; enfin, le duc de Bourbon, le seul honnête de tous ces princes, avait trop de faiblesse pour lutter efficacement contre les trois frères. Aussi, l'on sait combien fut fatale pour la France cette espèce de régence, qui, par le désordre qu'elle introduisit dans les finances, par les dissensions qu'elle excita parmi le peuple, par le goût des plaisirs et de l'oisiveté qu'elle inspira au roi, prépara les malheurs de ce règne.

Cependant Charles VI, poussé surtout par son frère cadet le duc de Touraine [1], par le connétable Olivier de Clisson et par ses secrétaires, dont Jean de Montagu n'était pas le moins influent, résolut secrètement de secouer le joug de ses oncles. Le moment était favorable : le roi, déjà vainqueur à Rosbecque, avait forcé le duc de Gueldres à se soumettre et à lui rendre hommage à genoux. Il revenait de cette expédition avec son armée victorieuse, et partout sur son passage le peuple lui envoyait des bénédictions, tandis qu'il maudissait ses oncles qui l'accablaient d'impôts. Les conseillers du roi redoublèrent de sollicitations, et décidèrent enfin Charles VI à frapper un grand coup. On s'arrêta à Reims, le 1ᵉʳ novembre 1388, pour célébrer les fêtes de la Toussaint. Là, dans une assemblée composée des princes du sang, d'évêques et de quelques seigneurs, le roi demanda, comme par forme de conseil, s'il n'était pas enfin d'âge à prendre lui-même en main les rênes de l'État. Nul n'osait répondre, de peur de déplaire aux princes et au roi : enfin Pierre Aycelin de Montagu, cardinal-évêque de Laon, prit la parole, et, dans un discours véhément, retraça tous les vices de l'administration depuis la mort de Charles V, représentant chaque prince, sans le nommer, d'une manière si expressive, qu'il était impossible de s'y tromper. Il conclut en disant qu'il croyait bon que le roi se chargeât seul du gouvernement. Tout le conseil fut de cet avis, et Charles VI, se tournant du côté de ses oncles, les remercia du soin qu'ils avaient bien voulu prendre du royaume jusqu'à ce jour, et leur déclara qu'à l'avenir il les en déchargeait, se réservant à lui seul la peine et l'honneur de gouverner la France.

Les ducs de Berry et de Bourgogne (le duc d'Anjou était mort

---

1. Louis, nommé comte de Valois en naissant, le 13 mars 1372, puis duc de Touraine par lettres datées de Lille du mois de novembre 1386, et enfin duc d'Orléans par échange avec le roi en 1392.

dans son expédition de Sicile) ne témoignèrent aucun mécontentement de se voir ainsi enlever le gouvernement; mais cinq jours plus tard, le 8 novembre, le cardinal de Laon mourut, non sans soupçon d'empoisonnement; et, moins de quatre ans après, avait lieu la catastrophe de la forêt du Mans. On lit, au reste, dans Froissard, une conversation entre les ducs, lorsque le roi les eut définitivement congédiés à Avignon, conversation qui semble clairement indiquer leurs projets ultérieurs : « Quand ce duc de Berry et ce duc de Bourgogne, « dit-il, veirent que le roy l'ordonnoit ainsi pour aller vers « Montpellier et pour visiter le Languedoc, et les mettre der- « rière, et qu'il ne les vouloit mener avecques luy, si en « furent tous mélancolieux ; mais sagement s'en dissimulèrent, « et en parlèrent ensemble, en disant : « Le roy s'en va en « Languedoc, pour faire inquisition sur ceux qui l'ont gou- « verné et pour traitter au comte de Foix.... et si n'emmeine « le roi de France avecques luy de son conseil que la Rivière, « le Mercier, Montagu et le Beghe de Villaines. Quelle chose « en dictes-vous ? » — « Frère (ce dit le duc de Berry), le « roy nostre neveu est jeune; et s'il croit jeune conseil, il se « décevra, et sachez que la conclusion n'en sera pas bonne, et « vous le verrez. Pour le présent, il nous faut souffrir; mais un « temps viendra que ceux qui le conseillent s'en repentiront, et « le roy aussi. »

A l'administration des oncles du roi succéda donc celle des favoris dont quatre : le Bègue de Vilaines, Bureau, seigneur de la Rivière, Jean le Mercier, seigneur de Noviants, et Jean de Montagu, se partagèrent le gouvernement, sous l'inspection du connétable Olivier de Clisson, qui avait su gagner toute la confiance de Charles VI.

Jean de Montagu jusque-là n'avait été que notaire et secrétaire du roi. C'est en cette qualité qu'au mois d'octobre 1383, Charles VI lui avait assigné pour gages la somme de quatre-vingt-deux livres seize sous parisis (cent trois livres dix sous tournois), comme il appert par une cédule de la chambre aux deniers et une quittance du 24 décembre 1383, donnée par Jean de Montagu à Bertaut Aladent, receveur général des aides. Mais le roi lui avait déjà confié plusieurs missions qui avaient permis de reconnaître ses talents financiers. Ainsi, le 19 juillet 1383, Charles l'avait commis pour percevoir les aides nécessaires à la guerre ; et l'on peut dire que, parmi les secrétaires du roi, Jean de Montagu était chargé de tout ce qui avait trait aux finances [1]. Sa place dans le nouveau conseil du roi était donc toute marquée : il reçut la surintendance des finances avec le seigneur de Noviants.

Biette vit avec bonheur son fils devenu enfin un des premiers du royaume, et voulant que par la richesse, sinon par la naissance, il pût marcher de pair avec les princes mêmes du sang, elle décida les autres membres de sa famille à faire, pour ainsi dire, abnégation de leur fortune personnelle afin d'augmenter celle du chef de la maison. Ainsi, le 30 novembre 1388, Ferry Cassinel, évêque d'Auxerre, le frère de Biette, donne à Jean de Montagu le châtel maison forte de Marcoussis [2], et la maison du Val d'Aaron ou de la Ronce en la châtellenie de Montlhéry [3], donation au reste qui n'était pas pu-

---

1. On en peut juger par cette lettre missive :

« Au receveur des aides à Mantes.

« De par le roy,

« Receveur de Mante, nous te avons mandé par nos autres lettres que, ycelles veues, ou au plus tart et pour touz délaiz dedens le xxij^e jour de ce présent mois de juing, tu nous prestasses la somme de deux cens livres tournoiz, et ycelle apportasses ou envoyasses seurement dedens ledict jour à Guillaume du Hazay, receveur des aides de la guerre à Rouen, pour convertir en certain fait hastif touchant le bien et honneur de notre royaume, et pour ce que depuis avons sceu que dommage irréparable se pourroit ensuir à nostre royaume, si faulte avoit au dit fait, se toy et les autres que nous avons requis de nous faire semblables prêts failloient de paier audit jour audit receveur de Rouen ce que requis leur avons pour la dicte cause, nous te mandons que, toutes excusacions cessans et sans faillir, tu faces ce que dit est, et tu le reprendras selon le contenu de nos dictes autres lettres sans nul contredit. Saichant que, se faulte y a, nous te ferons moustrer que nous en desplaira. Donné à Paris, le xvij^e jour de juing.   J. DE MONTAGU. »

2. 10 kil. E. de Rambouillet.

3. L'an 1386, Charles VI voulant suppléer à la dot de madame Catherine de France sa sœur, qu'il avait mariée au comte de Montpensier Jean de Berry, et ayant appris que la baronnie de Gallargues, située en la sénéchaussée de Beaucaire (5 kil. 1/4 de Nîmes, 1 kil. 1/2 de Lunel), était voisine de la baronnie de Lunel qui était l'apanage de cette princesse, échangea les seigneuries de Marcoussis et de la Ronce, qui lui avaient été adjugées en payement d'une somme de 6010 livres d'or dont lui était redevable Bernard de Montlhéry, jadis son trésorier en Dauphiné, pour la terre et château de Gallargues, les moulins, les prés de Lunel et l'île qui est en la rivière de la Vidourle, avec messire Ferry Cassinel, propriétaire en vertu d'une donation à lui faite par son cousin germain du côté paternel. Cet échange devait être sans retour, en cas que les terres et seigneuries se trouvassent égales en valeur et revenu ; mais les experts, ayant

rement gratuite ; car c'est sans doute en retour de ce don que Ferry fut nommé l'année suivante archevêque de Reims. Vers la même époque, Gérard de Montagu, évêque de Poitiers, cède à son frère la seigneurie de Garigny [1] et dépendances qu'il avait achetée de madame Isabelle de la Girarde, veuve de Jean de Montagu son oncle, mort le 5 avril 1388. — Enfin Ferry Cassinel étant mort le 26 mai 1390, et Biette, ayant hérité de la seigneurie de Ver [2], la transporta à son fils et lui ménagea un échange fort avantageux avec Guillaume Cassinel, son autre frère : c'était le vidamé de Laonnais que Guillaume possédait comme mari d'Isabeau de Châtillon, à laquelle le roi Charles VI l'avait donné, après l'avoir confisqué sur Jean de Craon, mari de Marie de Châtillon sœur aînée d'Isabeau, parce qu'il suivait le parti des Anglais.

Jean de Montagu, de son côté, n'oubliait rien pour accroître lui-même ses possessions. Ainsi, le 25 mai 1389, il acquit de Thomas le Mercier, valet de chambre du roi de Sicile et de Jérusalem, et de Jeanne sa femme, les terres de Boissy-sous-Saint-Yon [3] et Egly [4] pour le prix de douze cents livres (*par-devant Girard Achart et Regnault du Jardin, notaires à Paris*). — Les années suivantes, il acheta encore les terres de Bonnes [5], la Roue [6], Orainville [7], Châtres [8], etc. — Les présents que lui faisait continuellement le roi suffisaient et au delà à payer toutes ces acquisitions. Ainsi, le 10 janvier 1391, Charles VI donne à Jean de Montagu deux mille livres d'or, *pour lui aidier à supporter les grans fraiz et despens qu'il a à supporter continuellement en le service du roi*, dont quittance à Jacques Hémon, receveur général des aides, le 2 mars 1390 (1391 n. s.). Le 9 mars, nouveau présent de cent francs d'or, *pour en avoir*

---

jugé que Gallargues valait cent livres de rente de moins que Marcoussis et la Ronce, firent hypothèque de cette somme sur cette châtellenie en denier du roi, qui était pour lors le denier 10, hypothèque que le roi remit aussitôt à Montagu, quand il fut devenu possesseur de Marcoussis.

1. 8 kil. de Sancerre.
2. 4 kil. de Senlis.
3. 10 kil. S.-E. de Rambouillet.
4. 6 kil. 1/4 O. de Corbeil.
5. 2 kil. 1/2 de Château-Thierry.
6. 5 kil. de Tours.
7. 10 kil. de Laon.
8. Depuis Arpajon, 6 kil. O. de Corbeil.

une robe pour ceste présente année. Le 4 avril, en récompense des services rendus au roi dans ses fonctions de secrétaire lors du voyage à Tours et à Amiens, c'est encore une somme de quatre cents livres et une houppelande en drap de soie vermeil cramoisi d'outre-mer, ouvrée à petits ouvrages, du prix d'environ quarante-neuf livres. Le 19 avril, une autre somme de cinq mille francs d'or *pour consideracion de ses bons, agréables et proufitables services.*

Les services de Jean de Montagu et ceux des autres ministres nouvellement nommés étaient, en effet, fort agréables à Charles VI. Ces seigneurs, tout en blâmant vivement la conduite de leurs prédécesseurs, tout en se récriant beaucoup contre les impôts excessifs mis sur le peuple, étaient tombés à peu près dans les mêmes abus; mais du moins ils avaient eu un très-grand mérite, celui de voir que le seul moyen de faire prendre au peuple ses maux en patience, puisqu'ils ne voulaient pas ou qu'ils ne pouvaient pas y apporter remède, c'était de l'amuser par des fêtes brillantes et folles, qui du reste étaient tout à fait du goût du jeune souverain. Ainsi nous citerons celles qui furent célébrées lors de la réception en chevalerie des deux fils du duc d'Anjou, aux obsèques de Bertrand Duguesclin [1], à l'entrée de la reine Isabeau de Bavière dans la capitale [2], au mariage de Louis de Touraine avec Valentine Visconti, fille du duc de Milan [3], enfin au sacre de Louis II d'Anjou, roi de Naples et de Sicile [4].

Dans toutes ces fêtes, le roi se distinguait par une affabilité et une simplicité qui le faisaient admirer du peuple, et qui lui méritèrent le surnom de Bien-aimé. C'était surtout avec ses favoris qu'il se montrait sans morgue et sans hauteur. Ainsi tout le monde sait cette histoire, qu'à l'entrée de la reine dans Paris, pour mieux jouir du spectacle, il sauta en croupe derrière Savoisi, son chambellan, et reçut quelques horions de la foule. —

---

1. Le 4 mai 1389, en l'église de Saint-Denis. Quatre chevaux de l'écurie du roi, richement enharnachés, furent présentés à l'offrande par quatre princes. L'évêque d'Auxerre (Ferry Cassinel) officiant monta en chaire après l'offertoire, et fit un discours pathétique à la louange du défunt.
2. Le 20 juin, suivant Froissard, mais plutôt le 22 août 1389, suivant deux registres du parlement. — Voir la description qu'en fait Froissard, liv. IV, chap. 1.
3. Le 17 septembre 1389, à Melun.
4. Le 1er décembre 1389, à Avignon.

Le même jour, Froissard nous raconte que, comme la reine venait de recevoir les présents des bourgeois de Paris et que ceux-ci s'étaient éloignés, le roi appela Jean de Montagu et messire Guillaume des Bordes, et leur dit : « Venez veoir de plus près « les présents quels ils sont ; et ceux-ci vinrent jusqu'à la litière « et regardèrent sus. » On voit par là combien le sire de Montagu était familier avec le roi. — Froissard nous dit encore qu'un soir le roi, ayant pris congé avec le duc d'Orléans de la reine Isabeau sa femme, de la duchesse d'Orléans et autres dames qui étaient à l'hôtel Saint-Paul, s'en vint souper et coucher chez Montagu avec le duc de Bourbon, le comte de Namur et le sire de Couci. « Le roy y coucha et disna le lendemain, et après dis-« ner, sur le point de relevée, il s'en départit en très-grand ar-« roy. »

La fortune de Montagu ne faisait que croître ; chaque jour il devenait plus familier et plus nécessaire au roi et à son frère le duc d'Orléans ; mais, en homme prudent, il prévoyait l'avenir et jugeait bien que les ducs de Berry et de Bourgogne feraient tout pour revenir au pouvoir. Aussi l'événement du 5 août 1392 ne le prit pas au dépourvu, et aussitôt qu'il eut reçu des ducs l'ordre de ne plus approcher du roi avant d'avoir appris son rétablissement, pensant que l'animosité des princes n'en demeurerait pas là, il partit secrètement par la porte Saint-Antoine, s'arrêtant et ne séjournant nulle part, avant d'être arrivé à Avignon, où il avait mis en sûreté une partie de ses trésors.

Bien lui en prit ; car le duc de Bourgogne n'était pas disposé à le ménager. « Dame, dame, » disait-il à sa femme, « la verge « est toute cueillie dont ils seront hastivement battus et corri-« gés ; ainsi que vous verrez et orrez de brief : mais que vous « veuillez un petit attendre et souffrir. Clisson, la Rivière, Mon-« tagu, le Mercier, de Villaines et encores autres ont mal ou-« vré : et on leur monstrera de brief. »

Heureusement pour le connétable qu'à la suite d'une entrevue peu rassurante avec le duc de Bourgogne, il s'empressa de sortir de Paris et de se retirer dans un de ses châteaux à Montlhéry, puis de là à Josselin en Bretagne. — Quant aux trois autres ministres, le Bègue de Vilaines et le Mercier furent arrêtés à Paris et envoyés prisonniers au Louvre, où trois ou quatre jours après, la Rivière, pris dans son château d'Annens près Chartres, vint les rejoindre. Le Bègue fut relâché en considération de son grand âge et de ses longs services militaires, mais forcé de s'exiler en Castille; les deux autres, transférés à la Bastille le 25 septembre 1392, furent pendant quatre mois retenus en prison, sans cesse entre la vie et la mort; et s'ils en sortirent le 30 janvier 1393 (et non 1395, comme le dit Froissard), grâce à la protection de Jeanne de Boulogne, femme du duc de Berry, à laquelle la Rivière avait procuré ce mariage, ce ne fut que dépouillés de la plus grande partie de leurs biens, et avec défense de jamais approcher des lieux où serait la cour du roi.

Jean de Montagu attendit patiemment à Avignon que la frénésie du roi fût guérie et que ce prince le rappelât près de lui. On ne sait pas au juste la date de son retour à la cour; mais ce fut certainement vers le mois de mars 1393. Dès le mois d'avril suivant, il reçut une somme de mille francs d'or *pour lui aidier à supporter les fraiz, missions et despens qu'il lui convenait supporter pour soustenir son état*; et nous avons une quittance du 17 décembre de la même année, pour les gages qu'il recevait en qualité de secrétaire du roi.

Mais Charles VI, retombé pour ainsi dire sous la tutelle de ses deux oncles les ducs de Berry et de Bourgogne, n'avait plus assez d'autorité ni d'énergie pour braver Philippe le Hardi en rendant des charges importantes à Jean de Montagu. Ce n'était pas cependant que le désir lui en manquât; et pour prouver à Jean que sa faveur n'avait en rien déchu, il le choisit en 1395 pour l'accompagner dans le pèlerinage qu'il voulait faire à Notre-Dame du Puy en Auvergne. Au mois d'octobre de l'année suivante, il le nomma pour suivre en qualité de conseiller du roi les ducs de Berry, de Bourgogne et d'Orléans, lorsqu'ils allèrent en ambassade vers le pape Benoît XIII pour procurer la paix à l'Église.

En même temps, Charles VI insinua à son favori de se mettre dans les bonnes grâces des ducs de Berry et d'Orléans, et pensant enfin que le ressentiment du duc de Bourgogne était un peu apaisé, ou plutôt profitant de la mésintelligence qui commençait à régner entre Philippe le Hardi et Jean de Berry, il nomma Montagu son chambellan [1], afin de le mettre plus à même de

---

1. Cette nomination doit être de l'année 1397, car nous avons une lettre du 23 décembre 1396, à Guillaume de Gray, receveur des aides ès cité et diocèse de Lisieux, où

le servir utilement. Il voulut aussi que Jean de Montagu se fît recevoir chevalier; et en effet nous voyons celui-ci faire montre à Paris, le 1er décembre 1398, comme chevalier banneret, capitaine du châtel de Saint-Antoine de Paris [1], avec trois écuyers et cinq arbalétriers de sa compagnie, et donner quittance, le 26 du même mois, sur ses gages et sur ceux de sa compagnie. Au reste, Montagu conserva peu de temps le commandement de la Bastille, et renonça à ces honneurs militaires qui lui faisaient encore plus d'envieux, pour se livrer tout entier au service intérieur de la maison du roi.

Charles VI n'était pas ingrat, et Montagu savait bien ce qu'il faisait en s'attachant exclusivement à sa personne. Aussi voyons-nous les dons du roi s'accumuler. C'est d'abord, le 20 septembre 1396, une gratification de mille livres faite à Jean en considération de ses bons services; le 23 du même mois, une somme de quatre mille livres, en récompense de ses peines et travaux et de la bonne diligence qu'il avait apportée à faire faire les joyaux et tous les habillements d'Isabelle de France, reine d'Angleterre; les 2 juin et 6 août 1397, même somme pour les grands frais qu'il lui convenait faire au gouvernement de l'hôtel du roi et de celui de la reine; le 27 mars 1398, deux mille livres de vaisselle d'argent doré, en considération du baptême de Charles de Montagu son fils, dont le roi n'avait pas dédaigné d'être le parrain; enfin, le 18 avril de la même année, une somme de deux mille livres, en récompense des peines qu'il avait eues à faire venir à l'épargne celle d'un million pour délivrer au roi d'Angleterre [2].

Toutes ces gratifications, données à si peu de distance les unes des autres, jointes aux gages fixes que Jean avait comme secrétaire et surintendant, et aux profits énormes qu'il pouvait tirer

---

Jean ne s'appelle encore que « Jehan, seigneur de Montagu, conseillier du roy nostre sire et commis à faire venir ens les deniers ordonnés pour le fait des despences des hostelz dudit seigneur, de la roine, de monseigneur le dalphin, et de monseigneur d'Orléans. » Dans une autre du 31 août 1398, à Dreuc Dautrain, receveur des aides à Monstiervilliers, il prend au contraire les titres de « vidame de Launois, chevalier, chambellain et conseillier du roy nostre sire, commis par icelui seigneur au gouvernement de la despence des hostelz du roy, de la royne, de monseigneur le dalphin et de monseigneur d'Orléans. »

1. La Bastille, dont il avait été nommé gouverneur par lettres du 30 octobre de la même année.

2. Richard II; — comme dot d'Isabelle, fille aînée de France, qu'il épousa en 1396, quoiqu'elle ne fût âgée que de six ans.

de cette dernière charge, devaient nécessairement faire de sa maison une des plus opulentes du royaume. Mais ce n'était encore là que le commencement de sa fortune. Le roi, par lettres du 4 octobre 1401, le pourvut de la charge de souverain et grand maître de son hôtel [1], et lui assigna une pension de deux mille quatre cents livres sur ses coffres, comme il appert par les comptes conservés au Trésor des chartes et à la Bibliothèque nationale.

Cependant la rivalité des partis d'Orléans et de Bourgogne augmentait chaque jour. Le duc d'Orléans avait alors sur ses oncles un avantage marqué. Charles VI l'aimait tendrement; la reine Isabeau de Bavière le soutenait de tout son pouvoir; la duchesse Valentine sa femme, dont l'esprit enjoué divertissait beaucoup le roi, obtenait de lui tout ce qu'elle voulait. Enfin, en 1401, elle avait réussi, pendant l'absence du duc de Bourgogne [2], à faire déclarer le duc d'Orléans lieutenant et gouverneur du royaume pour tout le temps que la maladie du roi ne lui permettrait pas de vaquer aux affaires. Malheureusement, Louis abusa de ses avantages. Charles VI étant retombé malade quelque temps après, le duc d'Orléans se saisit de l'administration de l'État; et comme il voulait en profiter à son tour, il commença par faire un édit qui passa au conseil, par lequel il établit quelques nouveaux impôts en forme de prêts dont personne ne fut exempt. Le peuple murmura fort de l'impôt. Le duc de Bourgogne fut ravi de voir qu'on se plaignait de son rival, et affecta de publier partout qu'il n'avait nulle part à l'édit. Le roi

---

1. Le grand maître de l'hôtel était la première personne de la maison du roi et le premier officier des trois domestiques de la couronne. Il s'appelait autrefois maire du palais, duc des ducs et duc ou prince des Français. Il avait la surintendance sur tous les officiers domestiques et commensaux de la maison du roi, à la réserve de ceux de la chambre, de l'écurie, chasse et plaisirs de Sa Majesté. A lui seul appartenait de régler tous les ans l'état de la maison du roi, d'appointer et désappointer jusqu'au moindre, si bien qu'il avait juridiction sur tous, même pour les crimes et excès, et le grand prévôt de l'hôtel était pour cet effet comme son lieutenant. C'était lui qui autrefois assemblait le parlement lorsqu'il était ambulatoire, et qui avait la charge de rapporter au roi les causes pour affaires importantes. Quand le roi était mort, il rompait son bâton sur le tombeau ou cercueil qu'on avait dressé au mort, pour congédier tous les officiers, et leur annoncer cette triste nouvelle, que le roi leur maître était mort et qu'ils n'avaient plus de charges. (Manuscrit du seizième siècle, conservé aux Archives nationales, série M de la section historique.)

2. Il était à Arras pour le mariage d'Antoine, comte de Réthel, son second fils, avec la fille du comte de Saint-Pol.

étant revenu en santé, confirma l'ordonnance du duc d'Orléans : mais le duc de Bourgogne lui fit présenter tant de requêtes et faire tant de remontrances par ses partisans, qu'il finit par céder.

On voit, par ce seul exemple, tout l'avantage que prenait Philippe le Hardi sur son rival dans l'esprit du peuple. Philippe mourut le 27 avril 1404, et son fils Jean sans Peur lui succéda. Les défauts et les qualités de son père, le nouveau duc les possédait exagérés. Aussi, par le caractère même des deux princes rivaux, on pouvait prévoir dès lors lequel des deux succomberait. Le duc d'Orléans, insouciant, songeant par préférence à ses plaisirs, aimait l'autorité pour le faste, l'éclat et la satisfaction de dépenser et de répandre les faveurs. Le duc de Bourgogne, sombre, réservé, occupé des affaires, recherchait l'autorité pour dominer et agir en maître ; il savait profiter de toutes les occasions que lui offraient sans cesse l'imprudence et la légèreté de Louis pour le déconsidérer auprès du peuple. Ainsi, dès cette année 1404, la scène de 1401 pour les impôts se renouvelle. Le duc d'Orléans ayant proposé l'établissement d'un nouveau subside sous prétexte d'une prochaine invasion des Anglais, Jean sans Peur s'y opposa dans le conseil et eut grand soin de divulguer dans tout Paris ses représentations ; ce qui lui gagna pour toujours l'affection des Parisiens.

Outre les murmures qu'excitaient ces nouveaux impôts, on se plaignait fort du duc d'Orléans pour la manière sordide dont il avait réglé la dépense de la maison du dauphin et celle du roi lui-même ; et enfin ces plaintes furent si fortes, que le roi résolut d'assembler un conseil extraordinaire où il appela tous les princes du sang (1405). Le duc de Bourgogne, qui n'était pas alors à la cour, fut mandé pour ce sujet. Il se mit donc en chemin pour Paris, suivi d'un grand nombre de seigneurs et d'environ six mille gens d'armes, prenant pour prétexte de cette grande suite qu'il allait pour la première fois faire hommage de ses États au roi. A la nouvelle de la marche de Jean sans Peur, la reine et le duc d'Orléans furent dans la consternation. Ils n'avaient point de troupes à Paris ; ils savaient le mécontentement du peuple, et ils se voyaient ainsi en danger d'être arrêtés. Aussi prirent-ils le parti de se réfugier à Melun. Ils partirent aussitôt, ordonnant au maréchal de Boucicaut de les suivre le lendemain et d'amener avec lui le dauphin, alors âgé de neuf ans, et sa femme Marguerite de Bourgogne [1], mais si secrètement que personne ne le sût. Boucicaut exécuta ces ordres, malgré la pluie et le tonnerre qu'il fit ce jour-là. Il conduisit le jeune prince par la rivière jusque vis-à-vis Villejuif, où le duc d'Orléans s'était arrêté et où des litières l'attendaient pour le conduire à Melun. Mais un domestique du dauphin était allé prévenir le duc de Bourgogne de l'enlèvement du prince. Jean sans Peur était déjà arrivé à Louvres : il s'élance aussitôt, lui sixième, à la poursuite des fugitifs, et atteint le dauphin à Juvizy, comme il allait en partir. Le duc d'Orléans avait pris les devants pour rejoindre la reine au château de Pouilly, et avait laissé le duc de Bavière Louis le Barbu, frère d'Isabeau, et Jean de Montagu, avec le dauphin pour l'amener. Le duc de Bourgogne fait arrêter la litière, demande au dauphin s'il n'aimerait pas mieux revenir à Paris que d'aller où on le mène : Louis répond affirmativement. « Retournez donc! » dit impérieusement Jean aux conducteurs. Force fut d'obéir et de rentrer dans Paris. Les habitants, les seigneurs, le roi de Navarre [2], les ducs de Berry et de Bourbon, reçoivent les fugitifs avec les marques d'une vive allégresse : le duc de Bourgogne est proclamé défenseur de l'État; l'Université, le corps de ville et tous les autres corps viennent le remercier. Le duc d'Orléans, au contraire, mande de toutes parts à tous les princes et seigneurs ses alliés et amis de le venir secourir contre son cousin le duc de Bourgogne, lequel a pris de force le fils aîné du roi des mains de la reine, qui en avait le gouvernement. Chaque parti levait des troupes; la guerre semblait imminente; mais les ducs de Berry et de Bourbon, les rois de Sicile et de Navarre se firent médiateurs. Le 24 avril 1405, Jean de Montagu se rendit lui-même chez le duc de Berry pour porter les conditions du duc d'Orléans; et le 22 mai, il fut renvoyé vers ce dernier prince pour lui apprendre celles du duc de Bourgogne. Les négociations traînèrent en longueur; les deux princes ne voulaient céder en rien dans leurs prétentions. Pour maintenir l'ordre dans Paris pendant ces dissensions, le duc de Berry fut nommé capitaine général des milices bourgeoises, et le 5 septembre, Jean de Montagu reçut la garde de la ville avec cent hommes sous le comman-

---

1. Cette princesse, fille de Jean sans Peur, avait épousé le dauphin, le 31 août 1404.
2. Charles III le Noble, de la branche de France-Évreux, qui avait succédé à son père, Charles le Mauvais, en janvier 1387.

dement du duc. Puis, comme il avait été résolu au conseil qu'on enverrait une notable ambassade à la reine et au duc d'Orléans, on choisit pour députés le duc de Bourbon, le comte de Tancarville et le grand maître. Il est permis de croire que Jean de Montagu par ses remontrances fut le principal auteur de la détermination de Louis, qui consentit enfin à partager le pouvoir avec le duc de Bourgogne. Dans une entrevue qui eut lieu à Vincennes, le 17 octobre, les deux princes se donnèrent l'accolade en signe de réconciliation. Au printemps suivant, pour récompenser le grand maître des services qu'il lui avait rendus dans cette négociation, le duc d'Orléans lui donna, avec l'amiral Pierre de Bréban [1], la conduite des troupes qu'on envoya au secours du duc de Bar contre le duc de Lorraine [2].

Mais la réconciliation ne pouvait pas être de longue durée : l'animosité des deux princes perçait à chaque instant, malgré la contrainte qu'ils s'imposaient. — Le duc de Bourgogne, au commencement de l'année, avait été mettre le siége devant Calais, et il croyait être sur le point de reprendre cette ville, lorsque le duc d'Orléans, qui venait d'échouer devant Bourg et Blaye, jaloux des succès de son cousin, fit brusquement renouveler la trêve avec l'Angleterre. Soit pour ce motif, soit, comme le prétendent quelques historiens, à cause des intrigues du duc d'Orléans avec la duchesse de Bourgogne, Jean sans Peur voua dès lors une haine implacable à son rival. Cependant il consentit encore, pour mieux cacher ses desseins, à une réconciliation apparente. Le duc de Berry fit signer à ses deux neveux un acte de confraternité, engagement qui était sacré entre guerriers. Ils acceptèrent mutuellement l'ordre de chevalerie l'un de l'autre, se confirmèrent la promesse de vivre désormais en amis, et, après s'être juré fidélité, se quittèrent en s'embrassant.

1. Pierre de Bréban, dit Clignet, seigneur de Landreville, amiral à la place de Renaud de Trie par lettres du 1ᵉʳ avril 1405. Créature du duc d'Orléans, il fut dépossédé à la mort de celui-ci, mais conserva néanmoins jusqu'à sa mort la qualité d'amiral.
2. Robert, duc de Bar, n'était en cette occasion que le prête-nom du duc d'Orléans lui-même. Celui-ci, engagiste du duché de Luxembourg par le don que lui en avait fait en 1402, Josse de Moravie, mit en mouvement de grandes forces pour s'opposer aux tentatives que faisait sur son duché Charles II le Hardi, duc de Lorraine. Mais ce fut en vain qu'il s'appuya des secours des ducs de Bar, de Juliers et de Berg, des comtes de Nassau, de Salm, de Saarwerden et de Saarbrück. L'année 1406 se passa sans résultats importants, et, en 1407, le duc de Lorraine remporta sur les troupes confédérées une grande victoire entre Champigneulles et Nancy.

Le lendemain (23 novembre 1407), le duc d'Orléans passait la soirée chez la reine, qui était alors en couches à l'hôtel de Montagu, près la porte Barbette, en face le palais des Tournelles, hôtel qu'elle avait acheté au grand maître. Sur les huit heures du soir, il arrive à Louis un prétendu exprès du roi, qui demeurait à l'hôtel Saint-Paul, et qui le demande sans tarder. Il part aussitôt, sans prendre son escorte, suivi seulement de deux valets montés sur le même cheval. Comme il arrivait dans la rue Vieille du Temple, devant l'hôtel de Rieux, des assassins[1] l'attendaient, serrés le long des murs. Le cheval des valets les aperçoit, s'effraye, et, prenant le mors aux dents, emporte ses cavaliers jusque dans la rue Saint-Antoine. Louis, resté seul, est entouré par les meurtriers, qui crient : « A mort ! » — « Je suis le duc d'Orléans, » leur dit le prince. — « Tant mieux, répondent-ils, c'est ce que nous demandons. » Un premier coup de hache lui coupe la main dont il tenait la bride ; d'autres coups de masse et d'épée l'abattent de son cheval. Il s'écrie en tombant : « Qu'est-ce ceci? d'où vient ceci? » Un coup de massue hérissée de pointes de fer lui fracasse la tête, et en fait sauter la cervelle. Enfin un homme, caché sous un chaperon vermeil, une petite lanterne à la main, approche du cadavre, le considère attentivement, lui décharge un dernier coup de massue, et se retire en disant : « Éteignez tout, allons-nous-en ; il est mort! »

Il serait trop long d'entrer dans le détail de toutes les négociations qui suivirent ce meurtre, commandé sans aucun doute et présidé peut-être par le duc de Bourgogne. Nous passerons donc rapidement à l'accord définitif conclu à Chartres sous les auspices de Jean de Montagu.

Aussitôt la nouvelle de la mort de Louis d'Orléans parvenue à Château-Thierry, où Valentine de Milan résidait, cette princesse partit pour Paris avec ses enfants, et, se jetant aux pieds du roi, lui demanda justice et vengeance contre les assassins. Le roi, ému de pitié, la reçut avec la plus tendre affection, lui dit d'avoir bon courage, et qu'il la vengerait. Mais le duc de Bourgogne était trop puissant pour craindre ses ennemis. Il rentra en maître dans Paris, et, durant un an, cette ville fut en proie à tous les malheurs de la guerre civile, le parti du duc de Bourgogne et celui du duc d'Orléans étant tour à tour vainqueurs. Enfin, pré-

---

[1]. Ils étaient dix-huit, commandés par le chevalier Raoul d'Octonville.

férant le bien de l'État à la juste punition d'un si horrible crime, on jugea plus à propos de ménager quelque accommodement. Cela fut d'autant plus facile, que Valentine mourut à Blois (4 décembre 1408) durant ces négociations. On donna la conduite de cette affaire à Jean de Montagu. Quoiqu'il sût combien il était odieux au duc de Bourgogne, il ne laissa pas de l'aller trouver, accompagné du comte de Hainaut, pour lui signifier l'ordre de Sa Majesté, à savoir, que le duc de Bourgogne fît quelque réparation verbale au duc d'Orléans, qu'il lui demandât pardon de la mort de son père, et qu'il s'abstînt pendant plusieurs années de venir en cour et de voir le roi. Le duc refusa d'abord de recevoir le grand maître ; mais, sur les remontrances du comte de Hainaut, il admit enfin le député du roi à une conférence avec lui. Sans lui donner le temps d'exposer ses propositions, il commença par des reproches pleins de passion, accusant Jean de Montagu de mille crimes, et principalement d'avoir conspiré contre la personne du roi et d'avoir jusqu'alors mal gouverné l'État. Pour tout cela, il ne le menaçait pas moins que de la mort : mais il se radoucit pourtant, de sorte qu'il sembla qu'il y avait encore quelque moyen de calmer sa colère. « En-
« core bien, lui dit-il, que votre députation m'ait fort déplu, je
« veux bien consentir pour ce qui me touche en mon particulier
« d'oublier tout ce qui s'est passé par vos mauvais offices, pour
« l'amour de Dieu, pour le respect du roy, et pour la considéra-
« tion de Monsieur le comte mon frère que voici ; mais c'est à
« condition que vous fassiez en sorte auprès de Leurs Majestés
« et envers les princes du sang qu'on exécute le contenu de l'é-
« crit dont je vous charge. A la bonne heure, soyez le média-
« teur de la paix ; aussi bien sais qu'ils vous estiment tous et
« qu'ils feront tout ce que vous leur direz. » Celui-ci, ravi d'aise de voir le duc lui remettre toutes les injures passées, l'en remercia très-humblement, et lui promit à genoux toutes sortes de services ; et, croyant trouver un sûr moyen de regagner ses bonnes grâces et faveurs, il lui protesta qu'il demeurerait inséparablement attaché à ses intérêts ; il s'engagea à faire réussir l'affaire suivant son désir ; et, pour preuve de sa bonne foi, il supplia le duc de choisir, parmi les chevaliers de sa cour qu'il croyait les plus affectionnés à son service, des témoins pour lui servir de compagnons dans cette négociation. Le duc y consentit ; et, pour montrer qu'il ou-

bliait entièrement le passé, il retint le grand maître à manger avec lui.

Jean de Montagu, sachant la haine mortelle que Jean sans Peur lui portait, avait presque désespéré de la réussite de cette affaire, et s'était ménagé une retraite pour se mettre à couvert avec toute sa famille. C'était une place inexpugnable et presque inaccessible dans les montagnes d'Auvergne, nommée Monet, qu'il devait échanger avec le duc de Berry contre Châteauneuf, Marcoussis et toutes ses dépendances. Mais, après cette conférence, croyant sa paix faite en faisant celle de la cour, il retourna joyeusement à Tours, où se trouvait alors la reine avec les enfants du duc d'Orléans, et fit si bien qu'il obtint tout ce que le duc demandait. — Toutes choses ainsi réglées suivant ses vœux, il accepta joyeusement la commission d'en porter la nouvelle au duc de Bourgogne; et en présence des seigneurs bourguignons qu'il lui avait donnés pour l'accompagner à Tours, et de plusieurs autres qui furent envoyés avec lui de la part de la reine, des rois de Sicile et de Navarre, et du duc de Berry, pour mieux confirmer ce qu'il avait à dire, il annonça au duc de Bourgogne qu'il avait la paix avec tout le monde. Il lui présenta le traité divisé par articles qu'il lut lui-même, et non-seulement Jean sans Peur l'agréa et ratifia, mais il se loua hautement de l'adresse et de la conduite d'un si bon négociateur.

Enfin, le neuvième jour de mars 1409, on ouvrit des conférences dans la cathédrale de Chartres. « *Et fut la paix faite,* dit Juvénal des Ursins, *et y eut certains accords, traictés et promesses faictes et sermens, et s'entrebaisèrent Orléans et Bourgogne.* »

Nous avons laissé un peu de côté l'histoire particulière de Jean de Montagu pour ne pas interrompre le récit de ces grands événements ; maintenant que nous sommes arrivés à un moment de trêve, il est bon de revenir en arrière pour voir les nouveaux accroissements de la fortune du grand maître. — Les dons en argent sont moins fréquents, parce que Jean de Montagu était alors plus riche que le roi lui-même, souvent réduit à lui emprunter ; mais on rencontre encore des donations de terre faites à Jean par le roi ou les seigneurs, ou des acquisitions faites à prix d'argent par le grand maître.

Ainsi, au mois de mai 1401, Charles VI lui donne l'hôtel de Chantelou et ses dépendances pour l'unir à la châtellenie de Marcoussis.

Le 12 juin 1404, le duc de Berry lui fait à son tour présent de l'hôtel du Porc-Épic [1], qui avait appartenu à Hugues Aubriot [2], entre la rue Saint-Antoine et la rue Percée, et qu'il avait acquis du duc d'Orléans.

Le 5 février 1404, le grand maître fait acquisition de la terre, seigneurie et justice haute, moyenne et basse de Nozoy [3], et du fief de la ville du Bois [4], de noble homme Guillaume de Jencourt, dit Sauvage, écuyer, premier panetier du roi et de damoiselle Marie la Galoise, sa femme (*par contrat passé à Vernon-sur-Seine devant Jean Closier et Oudart Bataille, notaires au Châtelet de Paris*); acquisition qu'il compléta dans la suite par l'achat de Chouenville, Guillerval [5], et quantité d'autres petits fiefs à l'entour.

Enfin, le 14 juillet de la même année, il achète encore les terres de Mauchamp [6], Vauxilas [7], Brouillet [8] et autres lieux d'Adam de Saudreuille, écuyer (*par-devant Lebeuf, tabellion à Étampes*) [9].

Comprenant parfaitement d'ailleurs que, dans le haut point de faveur et de richesses où il était, ses enfants et ses parents étaient regardés comme les plus grands partis de France, Jean de Montagu n'oublia rien pour leur procurer les plus illustres

---

1. Voir une note pleine d'érudition sur cet hôtel, par M. Jérôme Pichon, dans son Ménagier de Paris.

2. Prévôt de Paris, grand administrateur, sévère justicier, condamné en 1381, par les intrigues de l'université, à finir sa vie dans la fosse des prisons de l'évêché comme juif et hérétique, délivré en 1382 par les Maillotins, s'enfuit pendant la nuit et finit sa vie dans la retraite.

3. 5 kil. S.-O. de Versailles.
4. 4 kil. 1/2 N. d'Étampes.
5. 2 kil. N. d'Étampes.
6. 2 kil. 1/2 d'Étampes.
7. 1 kil. 3/4 d'Étampes.
8. 5 kil. 1/2 de Reims.

9. La plupart de ces acquisitions sont mentionnées dans un manuscrit de Guillaume Pijart, prieur du monastère de Marcoussis, en 1656. Nous n'avons pu retrouver l'ouvrage de cet auteur, en deux volumes in-folio, que cite Fevret de Fontette comme appartenant à la bibliothèque des Célestins de Marcoussis. Mais il existe aux Archives nationales, série M de la section historique, un manuscrit de Guillaume Pijart, sur la famille de Montagu; manuscrit beaucoup moins complet que celui de Simon de la Motte, et qui n'est sans doute que l'ensemble des notes prises par le religieux célestin pour rédiger son ouvrage in-folio. C'est de ce manuscrit que nous avons extrait quelques détails qui ne se rencontrent ni dans Simon de la Motte, ni dans les chroniqueurs contemporains.

alliances. Sa fille aînée, Bonne-Élisabeth, épousa en 1398 Jean VI du Moulin, comte de Rouci et de Braine; sa seconde fille, Jacqueline, se maria le 7 novembre 1399 avec Georges de Craon, seigneur de Sainte-Maure et de Montbazon, échanson de France; la troisième, Marie, épousa en 1409 messire David de Brimeu, seigneur d'Haubercourt, favori du duc de Bourgogne, depuis maréchal de bataille du duc Philippe son fils; enfin, la même année la quatrième, Jeanne, quoiqu'elle n'eût que douze ans, fut fiancée à Jean de Melun, seigneur d'Antoing et d'Épinay, aussi favori du duc de Bourgogne. De deux frères qu'avait le grand maître, l'un fut archevêque de Sens, l'autre fut promu à l'évêché de Paris. Enfin il osa jeter les yeux sur la fille de messire Charles d'Albret, connétable de France [1], et celui-ci n'eut point de honte de la lui accorder pour son fils, quoiqu'elle eût l'honneur d'être issue du sang royal de France et d'appartenir de parenté au roi du côté de père et mère.

Voulant aussi laisser à sa postérité quelques monuments de sa grandeur et de sa piété, il donna à l'église Notre-Dame de Paris une grosse cloche, pesant quinze mille livres, qu'il nomma Jacqueline du nom de sa femme [2]; à l'ancienne église Saint-Paul [3], sa paroisse, la grande verrerie en forme d'ovale qui était sur le grand portail. Enfin il choisit, entre tous les lieux de sa dépendance, celui de Marcoussis comme le plus propre à ses desseins. Il y fit édifier et bâtir en deux ans et demi un des plus beaux châteaux de France, l'église paroissiale dédiée à saint Vandrille (depuis la Madeleine), et un superbe monastère où il établit des Célestins [4].

Jean de Montagu était donc parvenu au faîte des honneurs et des richesses : il était certain de l'appui du roi et de la faction

---

[1]. Charles Ier d'Albret, comte de Dreux, fils de Marguerite de Bourbon, sœur de Jeanne, femme de Charles V, et descendant directement de Louis IX par son père Pierre de Bourbon.

[2]. Elle fut refondue en 1681, sur le poids de trente et un mille livres, aux dépens d'un chapelain de cette église, nommé Emmanuel, comme le témoigne cette inscription : « Vocor à capitulo Parisiensi Xua, priùs Jacquelina Joannis de Monteacuto comitis donum pond. xv mil., nunc Emmanuele duplo aucta. » C'est cette cloche qui aujourd'hui porte le nom de *gros bourdon*.

[3]. Dans la rue Saint-Paul. Il ne faut pas la confondre avec la nouvelle église Saint-Paul de la rue Saint-Antoine : celle-ci appartenait autrefois au collége des Jésuites.

[4]. Voir, pour les détails de cette fondation, Dubreuil (Antiquités de la ville de Paris).

d'Orléans ; il se croyait réconcilié avec le duc de Bourgogne dont il avait cherché à gagner les principaux favoris en contractant avec eux des alliances. Depuis la paix faite avec Jean sans Peur, il était allé en Bourbonnais offrir ses services militaires au duc de Bourbon contre le duc de Savoie, et à son retour il avait reçu du roi une somme de six mille livres, en récompense des frais qu'il avait pu faire dans cette guerre. Le 4 septembre 1409, le roi avait donné mille livres en vaisselle d'argent à Charles de Montagu, fils du grand maître, à l'occasion de son mariage avec la fille du connétable. Tout récemment, un des frères de Jean, l'archevêque de Sens, avait été fait président de la chambre des comptes, comme le témoigne une quittance de lui, du 30 septembre 1409, pour le sel dû à sa maison par le grenier de Paris. L'autre, Gérard de Montagu, venait d'être nommé à l'évêché de Paris, l'un des premiers de France. A sa réception, le dimanche 15 septembre 1409 [1], tous les seigneurs s'étaient empressés de lui rendre honneur pour faire leur cour au grand maître : plus récemment encore, le 22 septembre, Jean et le nouvel évêque avaient traité chez eux le roi Charles VI, celui de Navarre, et les ducs de Berry, de Bourbon et de Bourgogne, avec plusieurs autres prélats et seigneurs pour lors à Paris. Mais ce fut ce luxe même déployé dans la réception du roi et des seigneurs qui perdit Jean de Montagu, comme plus tard le luxe déployé par Fouquet devait perdre ce surintendant.

Tandis que tout semblait concourir à entretenir la tranquillité dans laquelle vivait alors le grand maître, ordinairement si prudent, l'envie et la haine de ses ennemis ne s'endormaient pas : on ne se cachait pas de dire tous les jours de lui que c'était un homme sans lettres et sans mérite ; on raillait sa petite taille et sa barbe clair-semée. D'autres, encore plus animés à sa perte, déchiraient sa réputation auprès du roi de Navarre [2] et du duc de Bourgogne, l'accusaient de trahison, lui imputaient d'avoir pro-

---

1. Je crois pouvoir dater cette réception du 15 plutôt que du 23 septembre. On lit en effet dans le sixième registre capitulaire de Notre-Dame, au 10 septembre 1409 : « Ordinatum est quod paretur chorus die dominicâ, in receptione domini episcopi Parisiensis ; et, dictâ die, post meridiem, omnes domini et alii de choro congregentur ad altare sancti Sebastiani ut simul vadant penès dominum episcopum in prandio, quilibet secundùm antiquitatem suam. (Archives nationales, série M.)

2. Il venait d'arriver à Paris pour rendre hommage au roi de la duché de Nemours et de ses dépendances.

curé la maladie du roi, d'avoir plus que personne entretenu le schisme de l'Église, d'avoir pillé les finances du roi, enfin d'avoir commis toutes sortes d'infidélités contre son service. Ces deux princes, déjà disposés à sa ruine, n'étaient en peine que de gagner l'esprit des autres, et ils y travaillèrent si bien, qu'il se fit une assemblée entre eux au mois d'octobre en l'abbaye Saint-Victor près Paris, pour délibérer d'une si grande affaire. Ils s'étaient obligés par serment de ne rien révéler de l'entreprise et de la tenir secrète à leurs plus confidents ; mais cela ne se put passer si sourdement que les amis du sire de Montagu ne trouvassent quelque raison de craindre pour lui. Ils lui conseillèrent de se tenir sur ses gardes, et surtout de ne point se fier aux promesses du duc de Bourgogne, qui avait juré sa mort et sa ruine. Mais lui leur répondit qu'il avait confiance en la protection du roi, de la reine et du duc de Berry. A peine quelques jours s'étaient-ils écoulés qu'il vit clairement combien peu il faut compter sur la fortune des cours, et combien étaient sages ceux de ses amis qui lui conseillaient de se mettre pour quelque temps à l'écart de l'orage avec tous ses biens.

Le duc de Bourgogne en effet n'avait pas oublié tous ses sujets de haine contre le grand maître. Voyant que le roi était dans un de ses accès de folie, et que Jean de Montagu, trompé par ses promesses d'amitié, ne se méfiait de rien, il résolut de profiter de cette occasion pour abattre son ennemi. Il sollicita les rois de Sicile et de Navarre et autres seigneurs qui étaient aussi jaloux de l'autorité et de la grandeur de Montagu, de prier le roi de mettre ordre aux finances de son royaume, lesquelles étaient tellement diminuées par ceux qui en avaient eu auparavant l'administration, que ses plus riches joyaux et meubles étaient tous engagés, jusqu'à sa vaisselle : ce qu'ils firent, lui remontrant le grand désordre de sa maison et les larcins qui s'étaient commis en ses finances par ses officiers depuis son avénement à la couronne, et demandant que quelques-uns d'entre eux eussent, par Sa Majesté, puissance de réformer généralement et sans nul excepter tous ceux qui depuis le commencement de son règne avaient eu le gouvernement des finances, et qu'ils les pussent démettre, destituer, punir et condamner selon leurs démérites. Cette requête leur étant accordée par le roi, ils commencèrent à vaquer à cette réforme. Et aussitôt ils ordonnèrent à messire Pierre des

Essarts ¹, prévôt de Paris, de se saisir et s'assurer de la personne de Jean de Montagu, de le conduire en prison au Châtelet et de leur en répondre jusqu'à nouvel ordre. Des Essarts, qui voulait succéder à Montagu dans sa charge de grand maître, suivi de ses sergents et accompagné des seigneurs de Heilly, Gaucher des Ruppes ², et de messire Roland de Viguier, qui lui furent adjoints par le duc de Bourgogne, avec messire Rusto, de la part du roi de Navarre, aborda dans le faubourg Saint-Victor Montagu, qui s'en allait avec l'évêque de Chartres entendre la messe à l'abbaye de Saint-Victor, et l'ayant environné de ses sergents tous en armes, lui dit : « Je mets la main à vous de par l'autorité royale à « moy commise en cette partie. » A ces paroles, le grand maître s'arrêta tout étonné. Alors des Essarts, le saisissant, ajouta : « Je te « tiens, traître. » Mais Montagu, revenu à lui, lui répondit : « Et « toi, ribaut, comment es-tu si hardi de moy ainsi attoucher ? » A quoi le prévôt lui répondit : « Il n'en ira pas ainsi que vous « cuidez ; mais comparerez les grands maux que vous avez faits « et perpétrez. » Puis il le fit lier étroitement et conduire en prison au Petit-Châtelet, où il le donna en garde au seigneur de Heilly.

On se saisit en même temps de l'évêque de Chartres ³, président des généraux des finances, de messire Pierre de l'Éclat, conseiller du duc de Berry, et de quantité d'autres personnes notables qu'on mena honteusement prisonniers au Grand-Châtelet. La ville, émue de cette nouveauté, prit les armes ; mais Pierre des Essarts, montant à cheval avec sa milice, courut par les rues pour faire cesser le bruit : il leur cria qu'il tenait ceux qui trahissaient le roi, et qu'il en rendrait bon compte, et il pria les habitants de retourner chacun à son métier.

Cela se passait le lundi 7 octobre 1409. En moins de deux jours, de concert avec le prévôt, on nomma des commissaires de la cour du parlement, parce qu'encore bien que les prévôtés fus-

1. Introduit le 5 mai 1408 à la place de prévôt de Paris par le duc de Bourgogne, de l'hôtel duquel il faisait partie, après la déposition de Guillaume de Tignonville, partisan du feu duc d'Orléans.
2. Et non Gautier des Roches, comme l'appelle le Laboureur.
3. Martin Gouges de Charpaignes, évêque de Chartres depuis 1406 ; — et non pas Pierre V d'Ailly, cardinal-évêque de Cambrai, comme le prétendent quelques auteurs. On lit dans le *Gallia Christiana*, à l'article de Martin Gouges : « Captus est 1409 mense octobri cum Johanne Montagu, et in carcerem detrusus, à quo paulò post, datâ pecuniâ, exiit. »

sent qualifiées de présidiales, elles ne le furent que de nom jusqu'en l'an 1551, que le roi Henri II créa sept offices de conseillers pour juger définitivement avec les lieutenants civils, criminels et particuliers. Ces juges étaient ceux-là mêmes qui avaient aidé le prévôt dans l'arrestation de Montagu : les sieurs de Heilly, Gaucher des Ruppes, Roland de Viguier et Rusto; lesquels, séant dans la chambre, citent devant eux Jean de Montagu, et lui demandent où sont les trésors qu'il avait dérobés au roi. Il leur répond qu'il n'a jamais abusé des deniers du roi, qu'il est vrai qu'ayant été employé à faire certain accord avec les Flamands, il avait reçu de ceux-ci une somme de deniers, pour récompense du service qu'il leur avait rendu, somme qu'il avait reçue sous le bon plaisir de Charles dès l'année 1382, et qu'au reste il avait employée à faire bâtir le monastère des Célestins de Marcoussis ; que c'étaient là tous ses trésors, et qu'il n'en avait point d'autres.

On abandonna cette accusation, que sans doute les juges eux-mêmes ne trouvaient pas sérieuse : mais on produisit contre le grand maître d'autres témoins qui l'accusèrent d'avoir été le complice du duc d'Orléans pour *envoûter* le roi et ensorceler le dauphin. Jean de Montagu opposant toujours des dénégations à ces absurdes témoignages, on ordonna de le mettre à la question pour tirer de lui la vérité par la force des tourments. L'évêque de Paris, les amis et les parents du prisonnier firent tous leurs efforts pour fléchir le duc de Bourgogne. Ils allèrent jusqu'à trois fois se jeter à ses pieds, afin d'obtenir la grâce de Jean; ils en firent autant auprès du roi de Navarre : toute la réponse qu'ils eurent fut qu'ils ne craignissent pas pour lui s'il était innocent, et qu'on lui ferait bonne justice.

Mais, comme nous le disions, le grand maître était condamné d'avance. Il fut appliqué trois fois à la question, et si longtemps qu'aimant mieux mourir que de tant souffrir, il confessa ce que voulurent ses juges, et signa cette confession, quoiqu'elle fût contraire à la vérité, comme en effet il la rétracta à la mort. — Cependant, conjecturant par ces traitements si rigoureux et ces procédures iniques que sa perte était décidée, il fit appeler un père cordelier, son confesseur, pour mettre ordre à sa conscience. En même temps, il lui demanda avis sur ce qu'il avait à faire ; et celui-ci lui conseilla d'en appeler du prévôt de Paris au parlement, en révoquant la confession qu'il avait signée, comme tirée par force de tourment.

Pierre des Essarts, se voyant arrêté par cet appel qui suspendait la condamnation du grand maître, en fit le rapport aux seigneurs qui lui avaient enjoint d'arrêter Montagu. Ceux-ci, s'il faut en croire Monstrelet, convoquèrent le parlement qui examina cet appel et le déclara vain et de nulle valeur. — Mais c'est encore là sans doute une de ces erreurs volontaires que commet souvent l'historien bourguignon. Jamais, en effet, ni le duc d'Orléans, ni les enfants de Montagu, n'ont adressé au parlement le reproche d'avoir participé au meurtre de leur père. — Quoi qu'il en soit, le duc de Bourgogne, passant outre cet appel, manda de nouveau des Essarts et lui dit : « Va, et sans demeure toy, ac« compagné du peuple de Paris, bien armé, prens ton prisonnier « et expédie ta besongne selon justice, en luy fesant couper la « teste d'une doloire et la mettre ès halles sur une lance. » Le prévôt n'eut pas plutôt reçu ce commandement que, le jeudi 17 octobre, il alla signifier au grand maître sa sentence par laquelle il était déclaré criminel de lèse-majesté, de plusieurs crimes, forfaits et maléfices (et non de péculat, pour le peu d'apparence qu'ils y voyaient; ce qui le justifiait devant les gens de bien, parce qu'il était constant qu'il n'avait été arrêté que pour ce seul crime), et pour ce à être décapité dans les halles de Paris, son corps mis à Montfaucon, et sa tête au bout d'une lance sur les piliers des halles ; ses charges, biens, terres et seigneuries confisqués au roi.

Le même jour, Jean de Montagu fut conduit aux halles de Paris en une charrette, vêtu de sa livrée, d'une houppelande de blanc et de rouge, chaperon de même, une chausse rouge et l'autre blanche, des éperons dorés, les mains liées ; deux trompettes devant lui, afin d'assembler tout le peuple. Il passa au milieu d'un grand nombre de bourgeois qu'on avait mis sous les armes, tenant une croix de bois qu'il baisait souvent ; et la dévotion qu'il montra toucha tellement tous les cœurs, que ceux mêmes qui le haïssaient auparavant ne purent refuser des larmes à une si étrange disgrâce. « Il étoit moult plaint de tout le peuple, » dit Juvénal des Ursins, p. 201, « et doutoit fort ledict des Es« sarts qu'il ne fût rescous, et pour ce, il disoit en allant qu'il « étoit traître et coupable de la maladie du roy, et qu'il déroboit « l'argent des tailles et aydes. »

L'exécuteur Pierre du Préau lui trancha la tête du premier coup de hache et la mit aussitôt au bout d'une lance ; de là, il alla pendre le tronc par les aisselles au gibet de Montfaucon : mais il ne fit aucune mention des causes de la condamnation, comme c'est la coutume. Ceux que les princes avaient envoyés pour être témoins de la mort du grand maître en furent assez touchés pour oublier le devoir des courtisans. Ils en revinrent tristes et pleurants ; et plusieurs leur ayant demandé ce qu'il avait dit avant de mourir, ils répondirent qu'il avait protesté devant toute l'assemblée avoir confessé tout ce qu'on avait voulu dans la violence des tourments, qu'il avait même fait voir qu'il en avait les mains disloquées, et qu'il était rompu par le bas du ventre, mais qu'il avait persévéré à dire que le duc d'Orléans et lui n'étaient aucunement coupables de ce qu'on leur avait imputé.

Ainsi périt Jean de Montagu. Et à ce propos, Juvénal des Ursins fait une remarque assez singulière. Il dit que le grand maître fut condamné et décapité aux halles, « combien qu'il fût clerc « marié, *cum unicâ virgine*, et avoit été pris en habit, non dif- « forme à clerc. » Ce qui semblerait signifier que son procès aurait dû être renvoyé aux juges ecclésiastiques, dont le privilége s'étendait peut-être alors jusqu'à juger ceux qui avaient reçu la tonsure, quoiqu'ils se fussent engagés dans le mariage, surtout s'ils n'étaient point mariés en secondes noces. — Il est certain qu'en ce temps-là on cherchait à se mettre à couvert des procédures criminelles par les priviléges de la cléricature. Jacques Cœur, qui fut condamné sous le règne suivant, prétendit décliner le jugement des commissaires qu'on lui avait donnés, parce qu'il avait été tonsuré et qu'il portait l'habit clérical. Cependant il était, comme Jean de Montagu, surintendant des finances, et il avait eu plusieurs enfants de son mariage avec Catherine Léodepart. Il y eut même une enquête ordonnée pour savoir s'il portait la tonsure et l'habit clérical [1].

Après la mort de Jean de Montagu, Gérard, évêque de Paris, son frère, demanda son corps pour le faire enterrer ; ce qui lui fut refusé par les princes : et de peur qu'on n'enlevât ou qu'on ne changeât son cadavre, les religieux de Marcoussis donnèrent tous les mois au bourreau une somme de deniers pour qu'il le conservât, jusqu'en l'année 1412 où il fut réhabilité.

Trois jours après la mort du grand maître, le 20 octobre 1409,

---

[1]. P. Griffet, Observations sur l'Histoire de France du P. Daniel, tome VI.

les princes obtinrent du roi aliéné la signature d'une ordonnance contre les financiers, destinée à justifier leur conduite; — ordonnance au reste rédigée avec une profonde habileté, et bien propre à détruire dans l'esprit du peuple l'intérêt qu'avaient pu y faire naître les dernières paroles de Jean de Montagu. — Mais, comme pour justifier le grand maître, le plus honnête homme de la cour, le duc de Bourbon, indigné de cet assassinat, quitta à l'instant Paris, et se retira dans ses terres avec le comte de Clermont, son fils.

Voici une copie de l'acte expédié par Pierre des Essarts pour notifier la mort de Jean de Montagu :

« A tous ceux qui ces présentes lettres verront, Pierre des Essars, chevalier, conseiller et maistre de l'hostel du roy nostre sire et garde de la prévosté de Paris, salut : Sçavoir faisons que l'an de grâce 1409, le lundi, septiesme jour d'octobre, fut pris et emprisonné ès prisons dudict seigneur au Petit-Châtelet de Paris, messire Jehan, sire de Montagu, de son vivant chevalier, vidame de Lanois, grand maistre d'hostel dudict séigneur, et illec *à cause de plusieurs crimes de lèse-majesté, délicts et autres maléfices par lui commis et perpétrés :* lui étant ès quelles prisons, il fut atteinct et convaincu d'aucuns d'iceux crimes de lèse-majesté comme autres, et pour ce fut condamné par sentence et jugements définitifs contre lui donnés et prononcés de nous par délibération du conseil, le jeudi dix-septiesme jour dudict mois d'octobre, à estre décapité ès halles de Paris, son corps estre mis et pendu au gibet, et tous ses biens, terres, seigneuries et possessions quelconques estant au royaume, adjugés et déclarés forfaits, acquis et confisqués au roy nostre sire. Et ce mesme jour de jeudy fust icelui jugement mis à exécution. En témoing de ce, nous avons fait mettre à ces lettres le scel de la prévosté de Paris. Ce fut fait le jour et an dessus dict.

« [Ainsi signé :] Choart, *procureur*. »

Et, en effet, nous trouvons d'autres lettres, en date du 26 octobre de la même année, faisant don à monseigneur de Guyenne de toutes les terres et seigneuries que tenait feu messire Jehan de Montagu.

En vertu encore de cette confiscation, la bibliothèque que le grand maître avait établie dans son château de Marcoussis fut transportée au Louvre, le 7 janvier 1410, par le secrétaire du duc de Guyenne. On lit à la suite du catalogue du roi Charles V, f° 37 : *Ce sont les livres que noble et puissant prince monseigneur le duc de Guyenne ainsné fils du roy Charles le sixiesme de ce nom roy de France a envoiés en la librairie du roy nostre dit seigneur au Louvre par maistre Jean d'Arsonval, confesseur et maistre d'escolle de mondit seigneur de Guienne. Et lesquels ont été receus et mis en ladite librairie par moy Giles Malet, maistre d'ostel du roy nostre dit seigneur, et garde de ladicte librairie, le 7 de janvier 1409 (1410 n. s.).*

Pour calmer le ressentiment de la reine et se faire pardonner la mort du favori, Jean sans Peur partit aussitôt pour Melun, afin de rendre en personne raison de sa conduite. Mais son secret dessein était de proposer le mariage de Louis de Bavière, frère de la reine, avec la fille de Charles de Navarre, son confident, à laquelle serait donné en dot le château de Marcoussis. La reine ne voulut pas consentir à ce mariage, et le duc de Bourgogne, désirant à tout prix se la rendre favorable, fit donner néanmoins à Louis la terre de Marcoussis, et à Isabeau celle de Tournenfuye, au commencement de l'année 1410.

Au reste, chacun profita un peu des dépouilles du grand maître. Ceux qui ne purent avoir une portion de ses terres se contentèrent de quelque meuble ou de quelque bijou. — Ainsi, Jean de Berry, quoiqu'il fût loin d'être des ennemis de Jean de Montagu, et qu'il fût bien convaincu de son innocence, ne laissa pas de profiter de ses dépouilles, au moins indirectement, car il reçut des mains de Robert d'Étampes divers joyaux précieux qu'il recommande à ses héritiers de restituer aux sœurs de messire Charles de Montagu par son testament du 17 juin 1416.

Par ces confiscations, la veuve et les enfants de Jean de Montagu se trouvèrent presque sans ressources et dans l'impossibilité de poursuivre sa réhabilitation. Heureusement pour eux, les Célestins de Marcoussis se souvinrent des bienfaits de leur fondateur, et consacrèrent à soutenir l'honneur de sa famille les trésors qu'il leur avait autrefois donnés. Ainsi, ils vendirent deux statues, l'une de saint Jean-Baptiste, l'autre de saint Antoine, pesant ensemble dix-sept marcs et quinze esterlins [1] d'or, avec

---

1. Le marc était de huit onces, l'once de vingt esterlins. Au taux actuel de l'or et de l'argent, les deux statues de saint Jean-Baptiste et de saint Antoine représentent une valeur de 15,396 fr.; et celle de sainte Anne avec les sous-pieds d'argent doré, environ 1,530 fr., sommes qui, au quinzième siècle, valaient au moins le quadruple de ce qu'elles valent aujourd'hui.

les sous-pieds d'argent doré valant dix-sept marcs cinq onces, et une statue de sainte Anne pesant treize marcs d'argent.

Au reste, dès le commencement du mois de décembre 1409, Charles VI étant revenu de sa frénésie, et ayant appris la mort du grand maître, s'en plaignit amèrement au duc de Bourgogne. Mais celui-ci lui mit devant les yeux la vaisselle de Jean de Montagu, dans laquelle il était facile de reconnaître plusieurs pièces qui avaient appartenu à la couronne, et que l'on avait dû fondre pour subvenir aux dépenses de la guerre, et accusa le grand maître d'avoir dérobé ces joyaux.—Reproche souvent répété par les historiens, même par ceux qui semblent le moins hostiles à la mémoire de Jean. Mais comment croire sérieusement qu'il eût jamais pu songer à faire considérer comme sa propriété des vases d'un grand prix, connus et inventoriés depuis un temps immémorial parmi les joyaux de la couronne? Et ne devrait-on pas, au contraire, le louer d'avoir prêté lui-même au roi sur ces gages précieux l'argent nécessaire à la guerre, plutôt que de souffrir que ces objets d'art passassent en des mains étrangères?

Que Charles VI ait, oui ou non, ajouté foi à une pareille accusation, toujours est-il qu'il fut forcé de laisser impuni le meurtre de son favori. Tant que dura la guerre des Armagnacs et des Bourguignons, et que Paris fut occupé par les partisans de Jean sans Peur, Charles VI attendit patiemment. En vain Charles d'Orléans, sur la sollicitation de la famille de Montagu, écrivit au roi le 14 juillet 1411, pendant qu'il faisait le siége de Paris, une lettre justificative du grand maître. Il était impossible de rien tenter pour la réhabilitation de Jean de Montagu, tant que les Cabochiens disposaient de tout dans Paris.

La guerre civile durait depuis deux ans dans toute son horreur; et cependant les Anglais, profitant de ces dissensions, menaçaient la France d'une descente prochaine. Le duc de Bourgogne, voulant terminer la guerre civile avant de marcher contre les étrangers, vint mettre le siége devant Bourges, où était renfermé le duc de Berry avec les principaux chefs armagnacs. Français contre Français, presque tous parents et amis, il était bien difficile qu'on n'en vînt pas à un accommodement.

Le dauphin Louis se trouvait dans l'armée de Jean sans Peur, qu'il était censé commander : quoique gendre du duc de Bourgogne, il penchait en secret pour le duc d'Orléans, qui avait, comme lui, le goût des fêtes et des plaisirs. Aussi se laissa-t-il facilement toucher par les raisons de quelques seigneurs de la faction des Armagnacs, qui le suppliaient de ménager la paix, et força-t-il Jean sans Peur d'accéder aux conditions que proposait le duc de Berry. La paix projetée à Bourges fut définitivement conclue et solennellement jurée à Auxerre, le 14 juillet 1412.

D'Auxerre le roi revint à Paris, et le duc de Guyenne, dauphin de Viennois, son fils aîné, accompagné du comte de Vertus [1], y arriva le lendemain, suivi des ducs de Bourgogne et de Bourbon. Charles VI fit de nouveau publier la paix que le parlement, qui y était intervenu par ses députés, avait déjà fait annoncer par les places de cette ville. Et le mardi 12 septembre 1412, on tint un grand conseil dans lequel, en présence du roi, assisté du comte de Vertus, des ducs de Bourgogne et de Bourbon, et de plusieurs autres princes et grands seigneurs, le duc de Guyenne, suivant l'ordre de Charles VI, déclara que la mort de Jean de Montagu lui avait fort déplu, et que ç'avait été un jugement trop soudain et trop précipité, dicté par la haine et non par la justice. Et après avoir remis Charles de Montagu en son office de premier chambellan près de lui et avoir déclaré les confiscations des biens et héritages de Montagu nulles et sans effet, il commanda qu'on allât au gibet dépendre le corps du grand maître, qu'on le réunît à son chef, et qu'on le baillât à ses amis pour le déposer en terre sainte.

En exécution de cet arrêt du grand conseil, prononcé avec tant d'éclat et sans le contredit des parties, le 28 septembre 1412, le prévôt de Paris [2], avec un prêtre vêtu d'aube, fanon, étole, et douze hommes ayant flambeaux et torches de cire allumées, se

1. Philippe, second fils de Louis d'Orléans, mort en 1420.
2. Pierre des Essarts était-il alors prévôt de Paris, et fut-ce réellement lui qui présida à la réhabilitation de Jean de Montagu? Oui, si nous en croyons Nicole Gilles, Guillaume Pijart, Simon de la Motte et une histoire anonyme contemporaine; non, si nous nous en rapportons à la plupart des historiens. — Pierre des Essarts, institué prévôt de Paris le 5 mai 1408, l'avait été jusqu'au samedi 8 novembre 1410; puis de nouveau du samedi 19 septembre 1411 jusqu'au jeudi 16 mars 1412. Mais, au mois de septembre 1412, il n'était même pas à Paris, et il n'y revint qu'un mois plus tard, rappelé par le Dauphin, qui lui donna le gouvernement de la Bastille. Au reste, il ne put échapper au châtiment que méritait l'assassinat de Jean de Montagu. On sait quelle fut sa fin malheureuse; accusé par les Cabochiens d'avoir voulu enlever le Dauphin, et conduit au Grand-Châtelet, il fut condamné à être traîné sur une claie du Palais jusqu'au Châtelet, puis à avoir la tête coupée aux halles : sentence qui fut exécutée le 1er juillet 1413, et son corps fut pendu au gibet, au lieu même où avait été pendu celui de Montagu.

rendit aux halles de Paris. Et là, le bourreau Capeluche, montant sur une échelle, enleva la tête de la lance où elle était fichée. Elle fut mise dans un beau suaire que le prêtre tenait, et celui-ci, la prenant sur son épaule, la porta en compagnie des susdits dans l'hôtel du grand maître. Et pareillement, son corps fut ôté du gibet de Montfaucon par le bourreau, en présence du prévôt, et rapporté à Paris : lequel, joint avec la tête, et enclos dans un cercueil, fut conduit par les enfants et les amis du défunt dans l'église de Saint-Paul, sa paroisse, où on fit ses obsèques avec toute la magnificence possible, et de là dans le monastère de Marcoussis. Il y fut enseveli, et les pères célestins lui élevèrent un tombeau fort considérable pour le temps, avec sa figure dessus, en relief, en habit de cavalier, ayant en tête cette épitaphe latine :

> Non vetuit servata fides regi patriæque,
> Quin tandem injustæ traderet ipse neci ;

et cette autre française :

> Pour ce qu'en pais tenois le sang de France
> Et soulageois le peuple de grevance,
> Je souffris mort contre droit et justice
> Et sans raison. Dieu si m'en soit propice.

Autour de la pierre qui couvrait le tombeau (sur laquelle il était représenté couché, en relief avec sa cotte d'armes, et où les quatre aigles étaient becqués et membrés [1]), on lisait : *Cy gist noble et puissant seigneur monseigneur en son vivant chevalier, seigneur de Montagu et de Marcoussis, vidame de Laonnoys, conseiller du roy et grand maistre d'hostel de France, qui fonda et édifia ce présent monastère. Lequel, en haine des bons et loyaux services par lui fais au roy et au royaume, fut par les rebelles et ennemis du roy injustement mis à mort à Paris le dix-septième jour d'octobre, veille de Saint-Luc, l'an 1409. Priez Dieu pour luy* [2].

---

1. Outre ces armes, on voyait gravé sur cette pierre le mot *Ilpadell*, devise de Jean de Montagu, et qui semble vouloir dire : *Je l'ai promis à Dieu et l'ai tenu*, chaque lettre suppléant son mot, suivant la mode de ce temps.

2. On rapporte que François Ier, lisant cette épitaphe et apprenant la manière dont

Quant aux biens de Jean de Montagu, ils furent restitués à ses héritiers, à mesure que les détenteurs moururent. Ainsi, Marcoussis, en octobre 1417, à la mort de Louis de Bavière; Tournenfuye, en 1435, à celle de la reine Isabeau, etc. Mais le fief de Montagu ne rentra jamais dans la famille du grand maître. Les dames religieuses de Poissy, auxquelles il avait été donné, le 11 décembre 1409, par le duc de Guyenne, en considération de sa sœur Marie de France, le conservèrent jusqu'au dix-septième siècle, et alors il fut réuni à la couronne. — Jacqueline de la Grange, la veuve de Jean de Montagu, se maria en secondes noces avec messire Pierre de Hérisson, chevalier, seigneur de Bourdy et capitaine de Sablé au comté du Maine. Elle mourut à Angers, sans postérité de ce seigneur, le 24 juillet 1422, et fut inhumée en l'église de Saint-Jean de cette ville.

était mort Jean de Montagu, dit, en le plaignant, que ç'avait été mal fait de faire mourir un si grand homme par justice. A quoi un religieux répondit fort à propos : « Sire, « il ne fut pas condamné par justice, mais par commissaires. » Ces paroles firent une telle impression sur le roi, qu'il jura, en mettant la main sur l'autel, de ne jamais permettre qu'on mît à mort quelqu'un par jugement émané d'une commission.

Au seizième siècle, on a ajouté cette autre épitaphe :

> En obéissant à mon roy,
> Étant fidèle à ma patrie,
> Je souffris mort et l'infamie,
> Contre les ordres de la loy.
> Bien que dans des employs j'aye paru fidèle,
> Qu'au service du roy je me sois attaché,
> Que du sang de ses princes j'aye empesché la perte
> Et son peuple des guerres plusieurs fois délivré,
> L'infamie n'a pas eu respect de ma teste.
> On parfit mon procès contre droit et raison :
> La justice envers moy fut aveugle et cruelle
> En répandant mon sang pour une passion.